Isaac Asimov

Siglo XXI

Biblioteca del universo

El Sistema Solar

Plutón y Caronte

DE ISAAC ASIMOV

REVISADO Y ACTUALIZADO POR RICHARD HANTULA

Gareth Stevens Publishing

UNA COMPAÑÍA DEL WORLD ALMANAC EDUCATION GROUP

Please visit our web site at: www.garethstevens.com
For a free color catalog describing Gareth Stevens Publishing's list of high-quality
books and multimedia programs, call 1-800-542-2595 (USA) or 1-800-387-3178 (Canada).
Gareth Stevens Publishing's fax: (414) 332-3567.

Library of Congress Cataloging-in-Publication Data

Asimov, Isaac.
      [Pluto and Charon. Spanish]
      Plutón y caronte / de Isaac Asimov; revisado y actualizado por Richard Hantula.
          p. cm. — (Isaac Asimov biblioteca del universo del siglo XXI. El sisteme solar)
      Summary: Describes the planet furthest from the sun and its moon, examining their size
   and composition, surface features, orbits, and efforts to learn more about these bodies.
      Includes bibliographical references and index.
      ISBN 0-8368-3859-9 (lib. bdg.)
      ISBN 0-8368-3872-6 (softcover)
      1. Pluto (Planet)—Juvenile literature. 2. Charon (Satellite)—Juvenile literature. [1. Pluto (Planet).
   2. Charon (Satellite). 3. Spanish language materials.] I. Hantula, Richard. II. Title.
   QB701.A8618   2003
   523.48'2—dc21   2003050687

This edition first published in 2004 by
Gareth Stevens Publishing
A World Almanac Education Group Company
330 West Olive Street, Suite 100
Milwaukee, WI 53212 USA

Series editor: Betsy Rasmussen
Cover design and layout adaptation: Melissa Valuch
Picture research: Matthew Groshek
Additional picture research: Diane Laska-Swanke
Translation: Carlos Porras and Patricia D'Andrea
Production director: Susan Ashley

The editors at Gareth Stevens Publishing have selected science author Richard Hantula to bring
this classic series of young people's information books up to date. Richard Hantula has written
and edited books and articles on science and technology for more than two decades. He was
the senior U.S. editor for the *Macmillan Encyclopedia of Science*.

In addition to Hantula's contribution to this most recent edition, the editors would like to
acknowledge the participation of two noted science authors, Greg Walz-Chojnacki and
Francis Reddy, as contributors to earlier editions of this work.

Printed in the United States of America

1 2 3 4 5 6 7 8 9 07 06 05 04 03

Contenido

Lejano y desconocido 4

Aparece Plutón 6

Completar el círculo 8

Viajes asimétricos 10

¿Un planeta doble? 12

Pequeños mundos después de todo 14

Plutón al descubierto 16

Atmósfera compartida 18

Días y noches estrellados 20

Todavía sin explorar 22

¿Un décimo planeta? 24

¿Es Plutón verdaderamente un planeta? 26

Archivo de datos: Los secretos de Plutón
    al descubierto 28

Más libros sobre Plutón 30

CD-ROM 30

Sitios Web 30

Lugares para visitar 30

Glosario 31

Índice 32

Plutón y Caronte

Vivimos en un lugar enormemente grande: el universo. Es muy natural que hayamos querido entender este lugar, así que los científicos y los ingenieros desarrollaron instrumentos y naves espaciales que nos contaron sobre el universo mucho más de lo que hubiéramos podido imaginar.

Hemos visto planetas de cerca, e incluso sobre algunos han aterrizado naves espaciales. Hemos aprendido sobre los quásares y los púlsares, las supernovas y las galaxias que chocan, y los agujeros negros y la materia oscura. Hemos reunido datos asombrosos sobre cómo puede haberse originado el universo y sobre cómo puede terminar. Nada podría ser más sorprendente.

El planeta más misterioso que conocemos del Sistema Solar es Plutón. Es tan pequeño, que algunos astrónomos creen que habría que llamarlo asteroide grande más que planeta. Es el planeta más difícil de alcanzar y el único que no ha observado una sonda espacial en primer plano. Viaja alrededor del Sol en una órbita poco común. La mayor parte del tiempo es el planeta más distante del Sistema Solar. El resto del tiempo, es el segundo más distante. Poco a poco, los científicos van descubriendo los misterios de Plutón.

Lejano y desconocido

Plutón fue el último planeta descubierto de todos los planetas conocidos del Sistema Solar. Todavía en los años veinte, los dos planetas más lejanos que se conocían eran Urano y Neptuno.

Los astrónomos pudieron determinar algunos datos sobre Urano y Neptuno, como las órbitas de estos planetas alrededor del Sol. Aun cuando los astrónomos tomaban en cuenta la fuerza gravitatoria de cada planeta conocido, no podían explicar completamente ciertos movimientos tambaleantes y poco comunes que Urano y Neptuno parecían realizar. ¿Podía existir más lejos un planeta sin descubrir que estuviera atrayendo a Urano y a Neptuno?

Los astrónomos observaban el cielo para ver si podían descubrir un planeta nuevo.

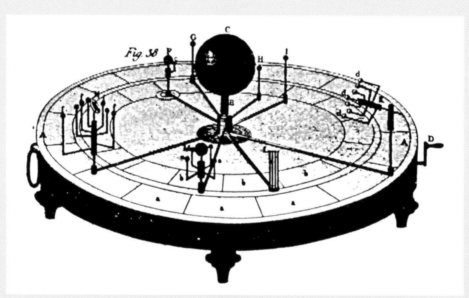

Arriba: Este dibujo histórico representa lo que se conoce como planetario, maqueta mecánica del Sistema Solar. Este planetario no contiene a Neptuno ni a Plutón porque no se les había descubierto al momento de construirlo.

Como bailarines de un ballet celeste, los planetas giran en torno al Sol, mantenidos en órbita por la fuerza gravitatoria de éste. La gravedad de cada planeta también atrae un poco a cada uno de los demás planetas.

Aparece Plutón

En 1984 el astrónomo Percival Lowell construyó en Arizona el Observatorio Lowell. Allí buscó un posible planeta nuevo. Calculó dónde debería estar para que ejerciera atracción sobre Urano y Neptuno, pero no lo encontró.

Después de la muerte de Lowell en 1916, un astrónomo llamado Clyde Tombaugh continuó la misión del Observatorio Lowell.

Durante diferentes noches, Tombaugh tomó fotografías de partes específicas del cielo. Usó un dispositivo que mostraba una foto tras otra en sucesión rápida. Con este método, las estrellas no parecían moverse pero los planetas, sí.

El 18 de febrero de 1930, Tombaugh obtuvo un par de fotografías en las cuales un punto se había movido. Era Plutón.

Derecha: Plutón, el antiguo dios romano del submundo.

¡Den nombre a ese planeta!

A muchos cuerpos celestes se les da el nombre de personajes de la mitología griega o romana. Cuando se descubrió Plutón, una colegiala inglesa de 11 años, Venetia Burney, manifestó que el planeta nuevo estaba tan lejos del Sol que debía recibir una luz débil, de modo que debía llamarse Plutón, por el dios romano del submundo. Los científicos aceptaron la sugerencia. Como ventaja adicional, las primeras letras PL honraban la memoria de Percival Lowell, que construyó el observatorio desde donde se detectó Plutón.

Arriba: El astrónomo Clyde Tombaugh descubrió Plutón en el año 1930 después de mirar cientos de fotografías.

Arriba: Las primeras fotos de Plutón. Estas imágenes, que fueron tomadas con diferencia de una semana, muestran que un punto (*ver las flechas*) se ha movido: el planeta Plutón.

Plutón se compone de roca con una cubierta de hielo. Una delgada capa externa contiene metano, nitrógeno y monóxido de carbono congelados.

Completar el círculo

Plutón se encuentra, en promedio, a alrededor de 3,700 millones de millas (5,900 millones de kilómetros) del Sol. Esto es 40 veces la distancia entre el Sol y la Tierra. Significa que para dar una vez la vuelta al Sol, Plutón tiene que viajar por una órbita 40 veces más larga que la órbita de la Tierra.

Como Plutón se encuentra a una gran distancia, la gravedad del Sol es tan débil, que Plutón se mueve alrededor del Sol a sólo $1/6$ de la velocidad con que lo hace la Tierra. A Plutón le lleva viajar alrededor del Sol unos 248 años debido a su órbita extensa y su lentitud.

No será sino hasta el año 2178 que Plutón estará finalmente de regreso en el lugar del cielo donde se le descubrió en 1930.

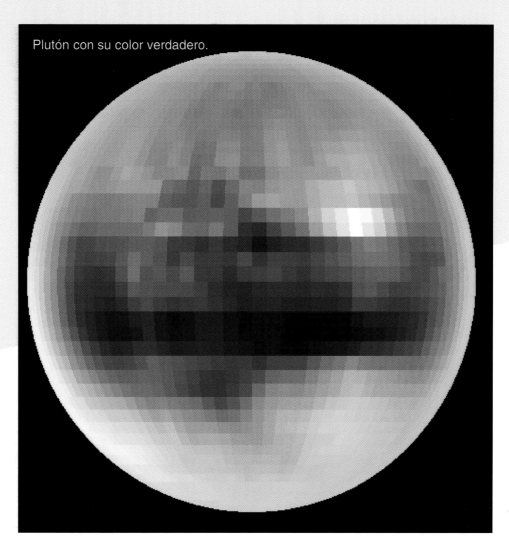

Plutón con su color verdadero.

9

Viajes asimétricos

Los planetas no viajan alrededor del Sol en círculos perfectos sino en órbitas ligeramente asimétricas o con forma de huevo. Estos tipos de órbitas se llaman elípticas. Un planeta con una órbita elíptica está más cerca del Sol en un extremo de su órbita que en el otro.

La órbita de Plutón es bastante asimétrica. En su punto más lejano, está a 4,600 millones de millas (7,400 millones de km) del Sol. En su punto más cercano, está a 2,700 millones de millas (4,400 millones de km) del Sol. Cuando Plutón se encuentra en el punto más cercano, está más cerca del Sol que Neptuno. Plutón y Neptuno no chocan porque la órbita de Plutón es inclinada. Además, Plutón está a veces sobre la órbita de Neptuno y a veces por debajo. Los dos planetas jamás se acercan a menos de 1,600 millones de millas (2,500 millones de km).

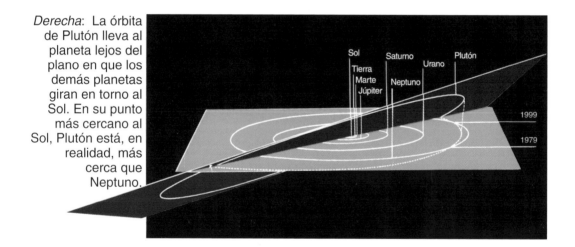

Derecha: La órbita de Plutón lleva al planeta lejos del plano en que los demás planetas giran en torno al Sol. En su punto más cercano al Sol, Plutón está, en realidad, más cerca que Neptuno.

Sol
Tierra
Marte
Júpiter
Saturno
Neptuno
Urano
Plutón
1999
1979

Los orígenes de Plutón, ¿un prófugo cósmico?

¿Pudo Plutón haber sido alguna vez una luna de Neptuno? No es más grande que una luna de tamaño medio y, debido a su órbita asimétrica, se acerca más al Sol que Neptuno. Así que algunos astrónomos creían que alguna vez podría haber sido un satélite de Neptuno que fue desplazado en alguna catástrofe cósmica. Pero los científicos han trazado la órbita de Plutón retrocediendo en el tiempo, y no parece que el planeta haya estado alguna vez tan cerca de Neptuno como para haber sido su satélite.

¿Es Plutón una luna que se escapó de Neptuno?
Es una idea interesante, pero los científicos
dudan de que alguna vez Plutón girara en torno
de Neptuno. Esta imagen muestra a Plutón
(*frente*) girando en torno al azul Neptuno, según
la concepción de un artista.

¿Un planeta doble?

Entre 1979 y 1999, Plutón estuvo más cerca del Sol que Neptuno. Además, Plutón podía observarse mejor en este momento que en cualquier otro.

En 1978, el astrónomo James W. Christy notó una protuberancia en una fotografía que había tomado de Plutón. Miró fotos anteriores y encontró esa protuberancia en distintos lugares. De esta manera, Christy descubrió que Plutón tiene una luna que se mueve a su alrededor. La llamó Caronte (en inglés, Charon, por su esposa Char). Por coincidencia, en la mitología griega el barquero que transportaba las almas al submundo —el reino del dios Plutón— también se llama Caronte. Caronte es apenas más ancho que la mitad de Plutón. Ningún otro planeta tiene un satélite tan cercano en tamaño. Esto significa que Plutón es prácticamente un planeta doble. Sólo la Tierra y la Luna, que tiene alrededor de la cuarta parte del ancho de la Tierra, se acercan tanto a ser un planeta doble.

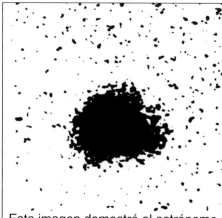

Esta imagen demostró al astrónomo James Christy que Plutón tiene una luna. La protuberancia (*a la derecha*) aparece en distintos lugares en otras imágenes.

¡De la Tierra a Plutón!

La mayoría de las lunas son mucho más pequeñas que los planetas que los gobiernan. Ganímedes, la luna más grande de nuestro Sistema Solar, tiene sólo $1/12{,}000$ de la masa de Júpiter. Titán, la segunda luna más grande, tiene solamente $1/4{,}000$ parte de la masa de Saturno. Sin embargo, la Luna tiene $1/80$ parte de la masa de la Tierra. Hasta el descubrimiento de Caronte, la combinación de la Tierra y la Luna era la que más se acercaba al concepto de un planeta doble en el Sistema Solar. Luego, los científicos descubrieron que Caronte tiene alrededor de $1/8$ de la masa de Plutón. Plutón y Caronte son mucho más pequeños que la Tierra y la Luna, pero están mucho más cerca de ser un planeta doble.

Concepción artística de la
formación de Plutón y
Caronte a partir de los
desechos rocosos en el
extremo del Sistema Solar.

Caronte, el barquero
del submundo de la
antigua mitología
griega.

13

Arriba: Según una teoría, Caronte se formó de una nube de desechos que se produjo cuando un cometa o un asteroide chocó contra Plutón hace mucho tiempo.

Derecha: La Tierra tiene 80 veces más masa que la Luna (*balanza superior*). Plutón tiene solamente 8 veces más masa que Caronte, su luna (*balanza inferior*).

Los orígenes de Caronte, ¿un trozo apartado del antiguo bloque?

¿Por qué tendrá Plutón una luna tan grande? A veces, los planetas gigantes atrapan objetos pequeños que van a la deriva muy cerca de ellos. Sin embargo, Plutón es demasiado pequeño para atrapar algo del tamaño de Caronte. Ambos pudieron ser, en algún momento, un solo cuerpo que se dividió de alguna manera. Así se explicaría por qué están separados solamente por 12,200 millas (19,600 km), aproximadamente $1/20$ parte de la distancia entre la Tierra y la Luna. ¿Qué podría haber provocado que el planeta original se dividiera? Los científicos no lo saben.

Pequeños mundos

Cuando los astrónomos empeza-
ron a buscar a Plutón, pensaron
que debería ser bastante grande
para ejercer una fuerte atracción
sobre Neptuno y Urano. Plutón
resultó ser mucho menor que lo
esperado. Sin embargo, les fue
difícil decir exactamente cuán
pequeño era Plutón, porque no
podían verlo bien a través de los
telescopios. Caronte era aun más
difícil de ver.

Finalmente, durante los años
ochenta, los astrónomos hicieron
progresos al medir el tiempo que
las estrellas permanecían escondi-
das cuando Plutón o Caronte
pasaban frente a ellas. Además
obtuvieron datos útiles al estudiar
lo que sucedía cuando Caronte
pasaba frente a Plutón y viceversa.
También resultaron de ayuda las
imágenes de Plutón que tomó el
telescopio espacial Hubble en los
años noventa. Los astrónomos
calcularon que Plutón tenía un
ancho aproximado de 1,430 millas
(2,300 km), más pequeño que la
luna terrestre. De hecho, Plutón
pesa $1/5$ de lo que pesa la Luna.
Caronte tiene solamente 750
millas (1,200 km) de ancho y
pesa $1/8$ de lo que pesa Plutón.

Cuando Plutón pasaba
frente a una estrella,
los astrónomos tenían
la oportunidad de
buscar una atmósfera
delgada alrededor del
planeta. Mientras
Plutón estaba frente a
la estrella, instrumentos
sensibles buscaban en
la luz de la estrella
algún cambio que
provocaran los gases
que rodean a Plutón.

Los astrónomos a bordo del *Observatorio
Kuiper Airborne* de la NASA, un avión a
propulsión equipado con telescopio, que
lleva el nombre del astrónomo Gerard
Kuiper, fueron los primeros en detectar la
atmósfera delgada de Plutón.

15

Plutón al descubierto

A pesar de su pequeño tamaño y su gran distancia de la Tierra, los astrónomos se han ingeniado para descubrir algunos detalles de Plutón.

En los años cincuenta, los astrónomos descubrieron que la luz de Plutón se hacía levemente más brillante cada 6.4 días. Se dieron cuenta de que esto sucedía porque Plutón giraba sobre su eje en ese tiempo y mostraba primero un lado brillante y luego un lado más oscuro.

Hacia fines de los años setenta, los astrónomos aprendieron mucho acerca de la superficie de Plutón mediante el análisis de la luz que reflejaba. Descubrieron que estaba cubierto de hielo, compuesto parcialmente de metano congelado, una sustancia química que está presente en el gas natural de la Tierra. Los astrónomos descubrieron también señales de nitrógeno y monóxido de carbono congelados.

Arriba: De acuerdo con una teoría, durante el verano de Plutón, el metano congelado y otras sustancias químicas congeladas de la superficie del planeta se transforman en gas y forman una atmósfera. Entonces, el material oscuro que está debajo del hielo se hace visible (*izquierda*). Durante el invierno, los gases de la atmósfera se congelan e iluminan a Plutón con una fresca capa de hielo (*derecha*).

En la Tierra, bolsas de metano acompañan al petróleo que se encuentra en las profundidades de la tierra. En la imagen, una refinería de petróleo quema el metano excedente.

Atmósfera compartida

Cuando la órbita de Plutón lo acerca a la Tierra, Caronte se mueve cada 6.4 días primero frente a él y luego por detrás.

Caronte es más oscuro que Plutón. Al estudiar la luz que refleja, los astrónomos han descubierto que en la superficie tiene muy poco metano, o nada, pero probablemente tenga hielo que provenga de agua.

La temperatura en la superficie de Plutón va desde unos -350 °F (-210 °C) hasta unos -390 °F (-235 °C).

Plutón es lo suficientemente grande y frío que puede albergar una atmósfera delgada de nitrógeno, metano y otros gases.

Probablemente Caronte no tenga atmósfera propia, ya que es más pequeño que Plutón y tiene menos gravedad. Sin embargo, Plutón y Caronte están tan cerca, que las partículas de la atmósfera de Plutón pueden llegar hasta Caronte. De algún modo, podría decirse que el sistema Plutón-Caronte puede ser un planeta doble encerrado en una misma atmósfera.

Derecha: Diagrama de la órbita de Caronte con relación a Plutón.

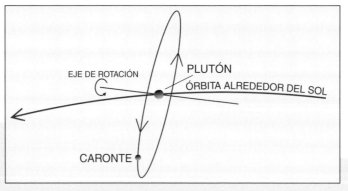

EJE DE ROTACIÓN

PLUTÓN
ÓRBITA ALREDEDOR DEL SOL

CARONTE

Plutón y Caronte, ¡un enfrentamiento cósmico!

Cuando un cuerpo celeste pequeño gira en torno a uno más grande, su rotación se hace más lenta debido a las corrientes. Por esta razón una luna muestra a su planeta sólo una cara, su velocidad de rotación se ha disminuido. La Luna, por ejemplo, muestra a la Tierra sólo una cara. Una luna disminuye la velocidad del planeta al que circunda, pero, por lo general, el planeta es mucho más grande y tiene más masa que la luna y por tanto su rotación se hace apenas más lenta. En el caso de Plutón y Caronte, no obstante, los dos cuerpos son tan iguales en tamaño que cada uno muestra al otro la misma cara.

Si estuvieras parado sobre Caronte durante uno de sus eclipses de Plutón, podrías observar la sombra oscura de Caronte que pasa por la superficie helada de Plutón.

Los cristales de hielo de la atmósfera de Plutón forman un extraño arco de luz alrededor del Sol lejano. Es el comienzo del largo invierno de Plutón, y a medida que la atmósfera se congela, el hielo ha comenzado a cubrir la superficie del planeta.

Días y noches estrellados

El Sol se ve bastante diferente desde Plutón que desde la Tierra porque Plutón está mucho más lejos de él. Al ver el Sol desde Plutón, podrías creer que es solamente otra estrella. Aun cuando Plutón está en su punto más cercano al Sol, recibe solamente alrededor de $1/900$ de la luz solar que recibe la Tierra. No es de extrañar que Plutón sea tan frío.

Aun así, desde el lejano Plutón, el Sol se ve 1,000 veces más brillante de lo que se ve la luna llena desde la Tierra, ya que la atmósfera delgada de Plutón no dispersa la luz solar del modo que lo hace la atmósfera terrestre. Desde Plutón se pueden ver las estrellas aun cuando el Sol está en el cielo.

Desde Plutón, el Sol es todavía 14 millones de veces más brillante que cualquier otra estrella. Después de todo, la siguiente estrella más cercana está miles de veces más lejos que el Sol.

En el siglo XXII, los humanos podrían ver a Plutón y a Caronte en persona como visitantes interplanetarios.

Todavía sin explorar

Hasta el momento, las naves espaciales han explorado todos los planetas excepto uno, Plutón. Un científico denomina a Plutón el «monte Everest» de la exploración del Sistema Solar, ya que es el más lejano, el más frío y el más difícil de alcanzar.

La NASA ha pensado en enviar una sonda que tome imágenes y obtenga datos de las zonas externas del Sistema Solar. Según uno de los planes, esa sonda alcanzaría Plutón para el año 2015.

Mientras tanto, el telescopio espacial *Hubble* ha tomado excelentes imágenes de Plutón y de su compañero Caronte. Los científicos están combinando los datos nuevos con los que ya tenían a fin de aumentar sus conocimientos sobre Plutón y Caronte.

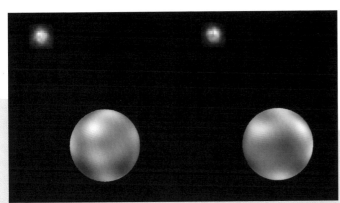

Izquierda: Plutón y Caronte muestran indicios de las características de sus superficies en una imagen tomada por el telescopio espacial *Hubble* con una cámara ESA *Faint Object* (para objetos tenues) a fines de junio y principios de julio de 1994.

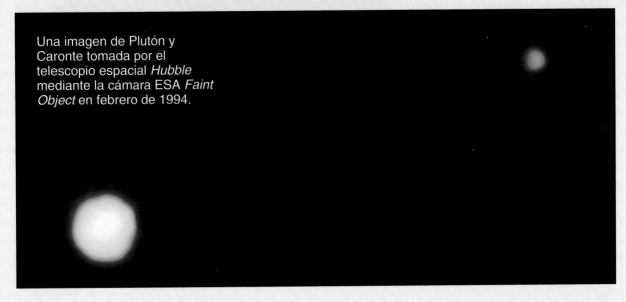

Una imagen de Plutón y Caronte tomada por el telescopio espacial *Hubble* mediante la cámara ESA *Faint Object* en febrero de 1994.

En 1983, el *Infrared Astronomical Satellite* (satélite astronómico infrarrojo, IRAS) un telescopio termosensible, buscó por todo el cielo objetos demasiado fríos para brillar con luz propia, tal como un décimo planeta, y no encontró ninguno.

¿Un décimo planeta?

A Plutón lo descubrieron mientras se buscaba un planeta cuya gravedad atraía a Urano y a Neptuno. Sin embargo, los científicos se dieron cuenta de que la gravedad de Plutón es demasiado débil para ejercer tanta fuerza. Por esa razón, muchas personas buscaron un décimo planeta más lejano que Plutón. Dicho planeta debía de tener suficiente gravedad para hacer que Urano y Neptuno siguieran las órbitas levemente tambaleantes que parecían tener. Sin embargo, más recientemente, los astrónomos decidieron que Urano y Neptuno no se tambaleaban después de todo. Creen que las primeras observaciones de estos planetas no son confiables. La prueba radica en el hecho de que se han enviado con éxito naves espaciales a Urano y a Neptuno utilizando cálculos que no se basaban en las primeras observaciones.

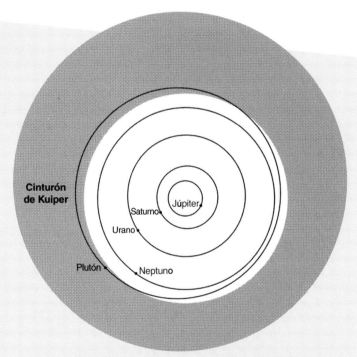

Arriba: Plutón tiene una órbita asimétrica como la de los asteroides descubiertos recientemente en el cinturón de Kuiper. Constantemente se encuentran más y más de estos objetos. Quizá entre ellos se encuentre un nuevo «Plutón».

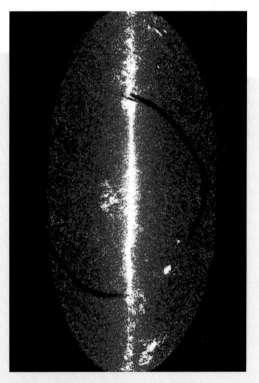

Arriba: Mapa infrarrojo del cielo. La banda brillante es la Vía Láctea.

¿Es Plutón verdaderamente un planeta?

El tamaño pequeño de Plutón y su órbita asimétrica hicieron que muchas personas se preguntaran si a Plutón se le debía considerar como un planeta. Algunos otros cuerpos del Sistema Solar tienen órbitas similares a la de Plutón, y siete lunas de otros planetas son más grandes que Plutón. Algunas personas afirmaron que dado que Plutón tiene una luna debe ser un planeta; pero los astrónomos han descubierto que algunos asteroides también tienen lunas.

Los astrónomos han aprendido también que miles de objetos pequeños viajan alrededor del Sol más allá de Neptuno en una región del espacio llamada cinturón de Kuiper. Muchos astrónomos creen que Plutón es tan sólo uno de los más grandes de estos objetos y que Neptuno es «verdaderamente» el planeta más lejano.

Arriba: Un cometa en órbita lejos del Sol dentro de un conjunto de cometas llamado nube de Oort. Del mismo modo que los planetas y los asteroides, los cometas también pueden tener lunas.

La nube de cometas Oort.

El sol y su familia del Sistema Solar (*de izquierda a derecha*): Mercurio, Venus, Tierra, Marte, Júpiter, Saturno, Urano, Neptuno, Plutón.

Archivo de datos: Los secretos de Plutón al descubierto

Plutón es el planeta conocido más pequeño del Sistema Solar. También es, en la mayor parte de su órbita, el más alejado del Sol. De cualquier planeta conocido, es al que más tiempo le lleva describir la órbita alrededor del Sol, unos 248 años terrestres.

El pequeño Plutón todavía está revelando sus secretos a los astrónomos. Uno de los aspectos más fascinantes de Plutón, la existencia de su luna Caronte, salió a la luz en 1978. Caronte se encuentra muy cerca de su planeta compañero y no es mucho más pequeño ni en tamaño ni en masa. Plutón y Caronte parecen ser casi un planeta doble. Algunos astrónomos creen que los dos hasta pueden compartir la misma atmósfera.

Otros cuatro planetas, Júpiter, Saturno, Neptuno y la Tierra, tienen lunas que son más grandes que Plutón. En la mente de algunos astrónomos, el pequeño Plutón apenas si califica como un planeta.

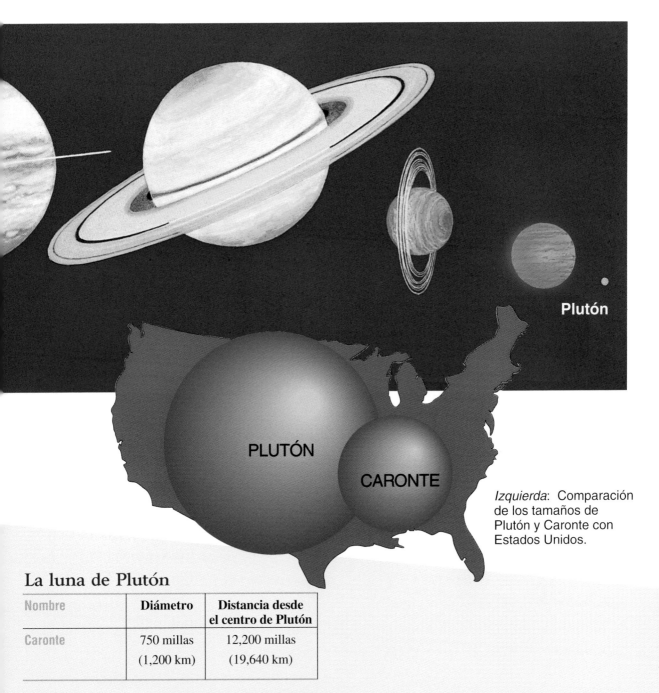

Pluton

PLUTÓN

CARONTE

Izquierda: Comparación de los tamaños de Plutón y Caronte con Estados Unidos.

La luna de Plutón

Nombre	Diámetro	Distancia desde el centro de Plutón
Caronte	750 millas (1,200 km)	12,200 millas (19,640 km)

Plutón: Cómo se compara con la Tierra

Planeta	Diámetro	Período de Rotación (duración del día)	Período de órbita alrededor del Sol (duración del año)	Lunas	Gravedad de la superficie	Distancia desde el Sol (más cercana-más lejana)	Tiempo mínimo que tarda la luz en llegar a la Tierra
Plutón	1,430 millas (2,300 km)	6 días, 9 horas, 18 minutos	247.7 años	1	0.06*	2.7-4.6 millones de millas 4.4-7.4 millones de km	3.9 horas —
Tierra	7,927 millas (12,756 km)	23 horas, 56 minutos	365.25 días (1 año)	1 (1 año)	1.0*	91-94 millones de millas (147-152) millones de km	— —

* Multiplica tu peso por este número para averiguar cuánto pesarías en este planeta.

29

Más libros sobre Plutón

Clyde Tombaugh y su búsqueda del planeta X.), Margaret K.Wetterer (Carolrhoda Books)

DK Space Encyclopedia (Enciclopedia DK del Espacio), Nigel Henbest y Heather Couper (DK Publishing)

The Outer Planets: Uranus, Neptune, and Pluto (Los planetas exteriores: Urano, Neptuno y Plutón), Giles Sparrow (Heinemann Library)

Pluto (Plutón), Carmen Bredeson (Franklin Watts)

Pluto and the Search for New Planets (Plutón y la búsqueda de nuevos planetas), Gregory Vogt (Raintree Steck-Vaughn)

CD-ROM

Exploring the Planets (Explorar los planetas). (Cinegram)

Sitios Web

Internet es un buen lugar para obtener más información sobre Plutón. Los sitios Web que se enumeran aquí pueden ayudarte a que te enteres de los descubrimientos más recientes, así como de los que se hicieron en el pasado.

KidsAstronomy. www.kidsastronomy.com

Nine Planets. www.nineplanets.org/pluto.html

StarDate Online. stardate.org/resources/ssguide/pluto.html

Views of the Solar System. www.solarviews.com/eng/pluto.htm

Windows to the Universe. www.windows.ucar.edu/tour/link=/pluto/pluto.html

Lugares para Visitar

Estos son algunos museos y centros donde puedes encontrar una variedad de exhibiciones espaciales.

Museo Norteamericano de Historia Natural
Central Park West at 79th Street
New York, NY 10024

Museo de Ciencias de Boston
Science Park
Boston, MA 02114

Museo de Ciencia y Tecnología de Canadá
1867 St. Laurent Boulevard
100 Queen's Park
Ottawa, Ontario, K1G5A3
Canada

Museo Nacional del Aire y el Espacio
Smithsonian Institution
7th y Independence Avenue SW
Washington, D. C. 20560

Odyssium
11211 142nd Street
Edmonton, Alberta T5M 4A1
Canada

Museo Scienceworks
2 Booker Street
Spotswood
Melbourne, Victoria 3015
Australia

Glosario

asteroides: «planetas» muy pequeños. En el Sistema Solar existen cientos de miles. La mayoría orbita alrededor del Sol entre Marte y Júpiter, pero muchos orbitan en otro lugar.

atmósfera: los gases que rodean un planeta, una estrella o una luna.

cinturón de Kuiper: pequeños cuerpos de la región del Sistema Solar que se encuentra más allá de Neptuno. Se parecen mucho a cometas de hielo, pero algunos pueden ser asteroides rocosos.

cometa: objeto espacial compuesto de hielo, roca y gas. Tiene una cola de vapor que puede verse desde la Tierra cuando la órbita del cometa lo acerca al Sol.

eje: la línea recta imaginaria alrededor de la cual gira un planeta, una estrella o una luna.

elíptica: de forma ovalada.

ESA: *European Space Agency*, Agencia Europea del Espacio.

gas metano: gas inflamable, inodoro e incoloro.

gravedad: la fuerza que provoca que objetos como la Tierra y la Luna se atraigan entre sí.

Hubble, **Telescopio espacial:** satélite artificial que contiene un telescopio y otros instrumentos relacionados y que fue puesto en órbita alrededor de la Tierra en 1990.

luna: pequeño cuerpo que está en el espacio y que se mueve en órbita alrededor de un cuerpo más grande. Se dice que una luna es un satélite del cuerpo más grande.

masa: la cantidad, o el total, de materia de un objeto.

monóxido de carbono: gas inodoro e incoloro que contiene carbono y oxígeno.

nitrógeno: elemento químico que se transforma en un gas inodoro e incoloro cuando se expone a temperaturas suficientemente cálidas. Se encuentra en la atmósfera de la Tierra y de Plutón.

nube de Oort: grupo de cometas que rodea el Sistema Solar. Lleva ese nombre por el astrónomo holandés Jan Oort, quien sugirió su existencia en el año 1950.

órbita: la trayectoria que sigue un objeto celeste a medida que gira u orbita alrededor de otro.

planeta doble: dos planetas que giran uno alrededor del otro.

Sistema Solar: el Sol junto con los planetas y demás cuerpos, como los asteroides, que giran alrededor de él.

Sol: nuestra estrella y el proveedor de la energía que hace posible la vida en la Tierra.

sonda: nave que viaja en el espacio mientras toma fotografías y estudia los cuerpos celestes y, en algunos casos, hasta aterriza sobre ellos.

submundo: en la antigua mitología griega y romana, el lugar al que se creía que iban las personas cuando morían.

Tombaugh, Clyde: el astrónomo estadounidense que descubrió Plutón en el año 1930.

Índice

asteroides   14, 26

atmósfera de Plutón   15, 16, 18, 20-21, 28

Burney, Venetia   6

Caronte   12-13, 14-15, 18-19, 21, 22-23, 28-29
Christy, James W.   12
cinturón de Kuiper   25, 26
cometas   14, 26

eclipses, Plutón-Caronte 18-19

fuerza gravitatoria y gravedad 4-5, 9, 25

Ganímedes   12

Hubble, Telescopio espacial 15, 23

Júpiter   12, 28-29

Lowell, Percival   6

luna de la Tierra   12, 14, 15, 18, 21

Marte   28-29

Mercurio   28-29

Neptuno   4, 6, 10-11, 12, 15, 25, 26, 29

nube de Oort   26-27

Observatorio Kuiper Airborne 14-15

Observatorio Lowell   6

órbita de Plutón   10, 11, 18, 27

planetario   4

planetas dobles   12, 18, 28

Plutón (dios)   6

Saturno   12, 28-29

Sistema Solar   4, 12-13, 23, 26, 28-29

Sol   4-5, 9, 10, 12, 20-21, 26, 28-29

Titán   12

Tombaugh,Clyde   6-7

Urano   4, 6, 25, 29

Venus   28-29

Vía Láctea   25

Nacido en 1920, Isaac Asimov llegó a Estados Unidos, de su Rusia natal, siendo niño. De joven estudió bioquímica. Con el tiempo se transformó en uno de los escritores más productivos que el mundo haya conocido jamás. Sus libros abarcan una variedad de temas que incluyen ciencia, historia, teoría del lenguaje, literatura fantástica y ciencia ficción. Su brillante imaginación le hizo ganar el respeto y la admiración de adultos y niños por igual. Lamentablemente, Isaac Asimov murió poco después de la publicación de la primera edición de *La biblioteca del universo de Isaac Asimov.*

Los editores expresan su agradecimiento a quienes autorizaron la reproducción de material registrado: portada, 3, NASA; 4, libre reproducción del copyright de Heck, J. G., *The Complete Encyclopedia of Illustration*; 5, © Rick Karpinski/DeWalt y Asociados 1989; 6, © Keith Ward 1989; 7 (todos), Observatorio Lowell; 8, © Lynette Cook 1989; 9, cortesía del Instituto de Investigación del Suroeste; 10, © Sally Bensusen 1982; 11, © Paul Dimare 1989; 12, Armada de los Estados Unidos; 13 (grande), © Michael Carroll 1989; 13 (recuadro), © Keith Ward 1989; 14 (superior), © Michael Carroll 1989; 14 (inferior), © Lynette Cook 1989; 15 (grande), Kate Kriege/© Gareth Stevens, Inc.; 15 (recuadro), NASA; 16 (ambas), © Paul Dimare 1989; 17, © Stewart M. Green/Tom Stack y Asociados; 18, Fran Bagenal & Steve Bartlett; 19, © Joe Shabram 1987; 20-21, © John Foster 1985; 22, © Pat Rawlings 1989; 23 (superior), NASA; 23 (inferior), Centro Nacional de Datos de Ciencia Espacial; 24, Laboratorio de Propulsión a Chorro; 25 (izquierda), © Gareth Stevens, Inc.; 25 (derecha), Laboratorio de Propulsión a Chorro; 26, © Michael Carroll; 27, © Calvin J. Hamilton; 28-29, © Sally Bensusen 1987; 29, Fran Bagenal & Steve Bartlett.